知識・技能	思考力・判断力・表現力
イギリス英語の特徴	平易な英語で話されるごく短い説明[illegible]，概要や要点を把握することができる。
概要をとらえる	身近なことに関する内容を聞き取り[illegible]
オーストラリア英語の特徴	平易な英語で話されるごく短い対話を，場面の情報[illegible]ら聞いて，概要や要点を把握することができる。
背景知識の活用	与えられた視覚的情報をもとに，ある状況や場面，事物を描写説明した英文を正しく聞き分けることができる。
キーワード	与えられた視覚的情報をもとに，ある状況や場面，事物を描写説明した単文レベルの英文を正しく聞き分けることができる。
Information Column Technology	身近なことに関する内容を聞き取り，理解することができる。
やり取りを続け，発展させるコツ	事前予測ができる情報がない中で，会話的な不意の問いかけに対する適当な応答英文をすばやく判断し，処理することができる。
どんな英語を聞くのか	平易な英語で話されるごく短い対話を，場面の情報などを参考にしながら聞いて，概要や要点を目的に応じて把握することができる。
流れに沿った理解	身近なことに関する内容を聞き取り，理解することができる。
論理の展開をつかむ	日本語で事前に与えられる状況設定および視覚的情報と音声情報から，その場面で求められている課題を解決することができる。
展開の予測	説明を聞いて，必要な情報を聞き取り，概要や要点を把握することができる。
未知の語の推測	与えられた視覚的情報をもとに，ある状況や場面，事物を描写説明した英文を正しく聞き分けることができる。
つなぎの語句（順序・列挙）	音声英文の中から，事前に与えられた英文質問に答えるために必要な情報を選択して引き出し，求められている解答を導くために適切な判断をすることができる。
つなぎの語句（原因・理由・結果・逆接）	短い平易な説明を聞いて，必要な情報を聞き取り，話し手の意図を把握したり，複数の情報を比較して判断することができる。
アジア英語の特徴	社会的な話題に関する短い平易な説明を聞いて，必要な情報を聞き取り，話し手の意図を把握したり，複数の情報を比較して判断することができる。
つなぎの語句（例示・話題の転換・追加）	平易な英語で話される短い説明を，グラフを参考にしながら聞いて，概要や要点を把握することができる。
Information Column SDGs	短い会話・議論を聞いて，必要な情報を把握したり，複数の情報を聞き取って判断することができる。各話者の発話の要点を整理して比較・判断できる。
状況をつかむ	短い会話・議論を聞いて，必要な情報を把握したり，複数の情報を聞き取って判断することができる。各話者の発話の要点を整理して比較・判断できる。
	講義等の説明を聞いて，概要・要点を捉えたり，複数の情報を聞き取って判断することができる。
	講義等の説明を聞いて，概要・要点を捉えたり，複数の情報を聞き取って判断することができる。

Lesson 1 Picture Description

共通テスト

英文を聞き，それぞれの内容と最もよく合っているイラストを１つ選びなさい。英文は２回読まれます。

1. 1

①

②

③

④

2. 2

①

②

③

④

3. 3

①

②

③

④

4.  4

①

②

③

④

Answer Sheet

Active Listening ④
Lesson 1

1. ①　②　③　④　（5点）

2. ①　②　③　④　（5点）

3. ①　②　③　④　（5点）

4. ①　②　③　④　（5点）

Total

/20

Class

No.

Name

Target 1

イギリス英語の特徴

■アメリカ英語とイギリス英語とでは，母音や子音の違い，アクセントの位置の違いなどがある。またスペルではアメリカ英語では実際に発音しない -u- の文字を省き，音声に近いつづりにする語がある。語末のつづりもイギリス英語では -re で終わる語が，アメリカ英語では語末を -er に統一されている。構文ではアメリカ英語の Do you have …? の代わりに，Have you got …? がよく用いられる。

異なる母音を用いる	leisure，tomato
異なる子音を用いる	schedule，Tuesday
アクセントの位置が異なる	adult，advertisement，ballet，garage，hospitable
つづりが異なる	colour，favourite，centre，theatre
構文が異なる	Have you got any change?

 **Check** 

単語を聞いてアメリカ英語であれば①，イギリス英語であれば②を選びなさい。単語は 1 回読まれます。

1．① ②

2．① ②

3．① ②

4．① ②

Words and Phrases

as soon as …：…するとすぐに

be about to ～：～しそうである，～しようとしている

Lesson 2

On the Phone

英検®

対話と応答を聞き，最も適切な応答を 1 つ選びなさい。
英文は 1 回読まれます。

1. 6

①　②　③

2. 7

①　②　③

3. 8

①　②　③

4. 9

①　②　③

Answer Sheet

Active Listening ④
Lesson 2

1. ①　②　③ （5 点）

2. ①　②　③ （5 点）

3. ①　②　③ （5 点）

4. ①　②　③ （5 点）

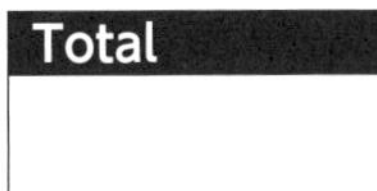

Total

/20

Class

No.

Name

概要をとらえる

■英語を聞くとき，すべての単語が理解できるとは限らないが，知らない単語が多少出てきても英文全体の内容がまったくわからなくなるということはない。だいたいの要点がとらえられれば問いに答えられる。

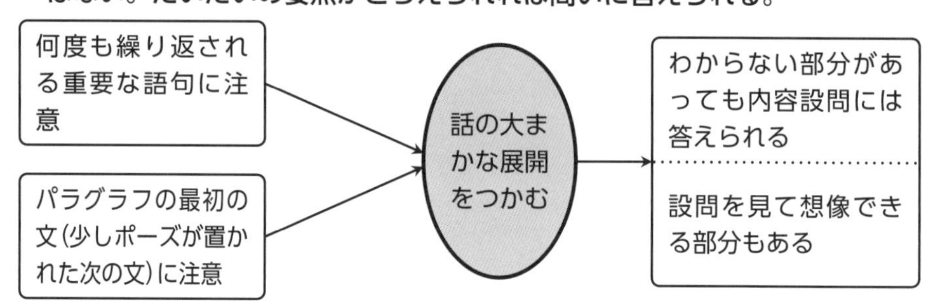

長めの英文を１つ聞き，内容に合うように次の各文の空所に，最も適切なものを１つ選んで補いなさい。英文は１回読まれます。

1. **Daniel was good at (　　　　　　).**
   ① hitting a baseball
   ② playing the piano
   ③ throwing a baseball

2. **Daniel's parents (　　　　　　).**
   ① often let him play outside in the summer
   ② were happy to see that he had friends
   ③ were so surprised to see him playing baseball that they ran into a tree

Words and Phrases
book [búk]：…を予約する
department [dipáːrtmənt]：部門，部署

Lesson 3

共通テスト

School Life

Answer Sheet

対話の場面が日本語で書かれています。対話とそれについての質問を聞き，答えとして最も適切なものを 1 つ選びなさい。英文は 2 回読まれます。

1．時間割を見ながら話しています。 11

①

月	火	水	木	金
社会	英語	体育	国語	国語
国語	体育	社会	数学	数学
家庭	書道	英語	美術	社会
家庭	書道	情報	美術	情報
昼休み				
理科	数学	社会	英語	体育
陶芸	陶芸	理科	陶芸	陶芸

②

月	火	水	木	金
社会	英語	数学	国語	国語
国語	体育	社会	数学	数学
家庭	書道	英語	美術	社会
家庭	書道	情報	美術	情報
昼休み				
理科	数学	陶芸	英語	体育
英語	国語	陶芸	社会	理科

③

月	火	水	木	金
社会	英語	数学	国語	国語
国語	体育	社会	数学	数学
家庭	国語	英語	英語	社会
家庭	国語	情報	体育	情報
昼休み				
国語	数学	社会	英語	体育
陶芸	陶芸	理科	陶芸	陶芸

④

月	火	水	木	金
社会	英語	数学	国語	国語
国語	体育	社会	数学	数学
家庭	国語	英語	英語	社会
家庭	理科	情報	体育	情報
昼休み				
国語	数学	陶芸	英語	体育
英語	国語	陶芸	社会	英語

2．校外学習でスケッチする動物について話しています。 12

①

②

③

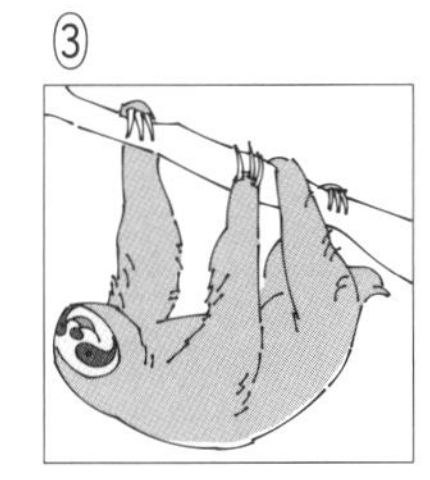

④

3．吹奏楽部の部室のロッカーを案内しています。 13

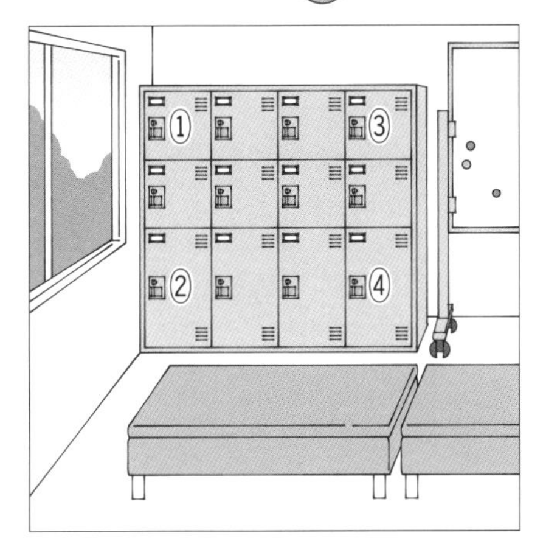

4．図書室で司書の先生に話しかけています。 14

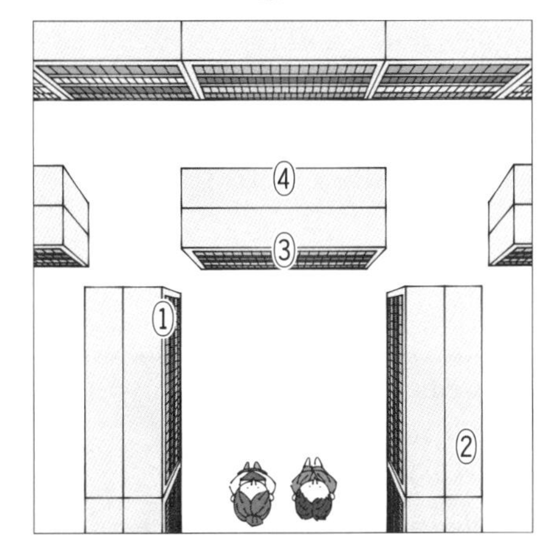

Active Listening ④
Lesson 3

1．① ② ③ ④ （5 点）

2．① ② ③ ④ （5 点）

3．① ② ③ ④ （5 点）

4．① ② ③ ④ （5 点）

Total

/20

Class

No.

Name

Target 3
オーストラリア英語の特徴

■オーストラリア英語では語尾を切り詰めて発音する傾向がある。たとえば cover，color，creator という語は次のような特徴になる。

- ・アメリカ英語→最後の[r]を発音する
- ・イギリス英語→[r]は発音しないで母音のまま伸ばす
- ・オーストラリア英語→[r]は発音しないで母音も短めに発音する

この語末を短く切り上げる特徴は，たとえば going を goin，current を curren のように語末の子音をほとんど発音しないことにも表れる。また see や do にある[iː]や[uː]が[əi]や[əu]のようになる傾向がある。

語尾を切り詰めて発音する	cover，color，creator
語末の子音をほとんど発音しない	going，current
異なる母音を用いる	see，do

■オーストラリア英語は語彙や構文でも特徴がある。

アメリカ英語	オーストラリア英語
Thank you.	Ta.
Well done.	Good on ya.
BBQ	Barbie

アメリカ英語	オーストラリア英語
You're welcome.	No worries.
How are you?	Good'ay, mate.
very	bloody

Check

表現を聞いてアメリカ英語であれば①，オーストラリア英語であれば②を選びなさい。表現は 1 回読まれます。

1. ①　　②
2. ①　　②
3. ①　　②
4. ①　　②

Words and Phrases
elective class：選択授業
pottery [pá(ː)t(ə)ri]：陶芸
calligraphy [kəlígrəfi]：書道
musical score：楽譜
assign [əsáin]：(仕事・課題など)を割り当てる
aisle [áil]：通路

Lesson 4

Photo Description

写真の内容を表す文として，４つの英文が読まれます。その中から，最も適切なものを１つ選びなさい。英文は１回読まれます。

1. 16

① ② ③ ④

2. 17

① ② ③ ④

3. 18

① ② ③ ④

4. 19

① ② ③ ④

Answer Sheet

Active Listening ④
Lesson 4

1. ① ② ③ ④ （５点）

2. ① ② ③ ④ （５点）

3. ① ② ③ ④ （５点）

4. ① ② ③ ④ （５点）

Total
/20

Class ....

No. ....

Name ....

Target 4

背景知識の活用

■ある話題について，自分がそれをよく知っているかどうかは，聞く英文の内容理解にも大いに影響がある。

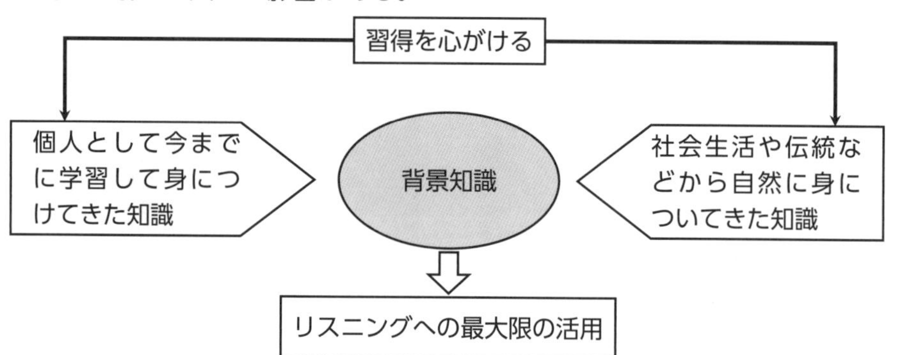

Check

長めの英文を１つ聞き，質問の答えとして最も適切なものを１つ選びなさい。
英文は１回読まれます。

1. **What are the two primary factors defining tropical rainforests?**
   ① Heavy vegetation and heavy rainfall.
   ② Location and amount of rainfall.
   ③ Plant and animal species.

2. **Which statement is FALSE according to this story?**
   ① Tropical rainforests are the oldest living ecosystems on Earth.
   ② Tropical rainforests have no dry or cold season of slower growth.
   ③ Tropical rainforests no longer exist in Southeast Asia.

Words and Phrases
snowplow car：除雪車
sleep on one's stomach：うつぶせに寝る
stuffed animal：動物のぬいぐるみ

Lesson 5

Picture Description

GTEC®

イラストの内容を表す文として，３つの英文が読まれます。その中から，最も適切なものを１つ選びなさい。英文は１回読まれます。

1. 21

① ② ③

2. 22

① ② ③

3. 23

① ② ③

4. 24

① ② ③

Answer Sheet

Active Listening ④
Lesson 5

1. ① ② ③ (５点)

2. ① ② ③ (５点)

3. ① ② ③ (５点)

4. ① ② ③ (５点)

Total

/20

Class

No.

Name

キーワード

■文章には主題に関係のある語句が繰り返し使われる。その語句（キーワード）に注目することによって内容の理解や予測がしやすくなる。

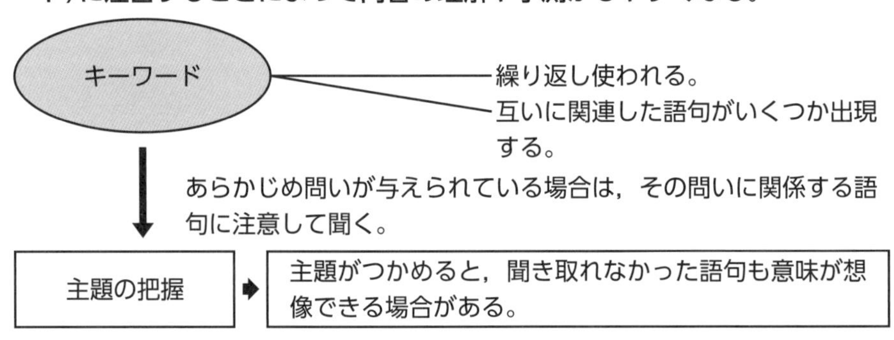

Check

長めの英文を１つ聞き，質問の答えとして最も適切なものを１つ選びなさい。英文は１回読まれます。

1. **Which country did NOT control New Orleans?**
   ① France.
   ② The Netherlands.
   ③ The United States.

2. **What year was the Louisiana Purchase?**
   ① 1718.　② 1762.　③ 1803.

Words and Phrases
appliance [əpláiəns]：電気器具
stuff [stʌ́f]：物，持ち物
unplug [ʌ̀nplʌ́g]：（コードなど）を抜く

Lesson 6 Technology

英検®

対話と質問を聞き，その答えとして最も適切なものを１つ選びなさい。
英文は１回読まれます。

1. 26

① It was a car action movie.
② It was exciting but tiring.
③ It was the same as ordinary movies.
④ It wasn’t good at all.

2. 27

① He is looking forward to eating a meal on a linear bullet train.
② He wants to have several round trips from Tokyo to Osaka in a day.
③ Traveling time that is too short will take some kind of fun out of a trip.
④ Traveling time that is too long will be out of date.

3. 28

① Because it feels lonely.
② Because it will become attached to her.
③ Because it will call her.
④ Because its price is reasonable.

4. 29

① Like reading an article.
② Like seeing a doctor.
③ Like taking some medicine.
④ Like typing on a computer.

Answer Sheet

Active Listening ④
Lesson 6

1. ① ② ③ ④ (５点)

2. ① ② ③ ④ (５点)

3. ① ② ③ ④ (５点)

4. ① ② ③ ④ (５点)

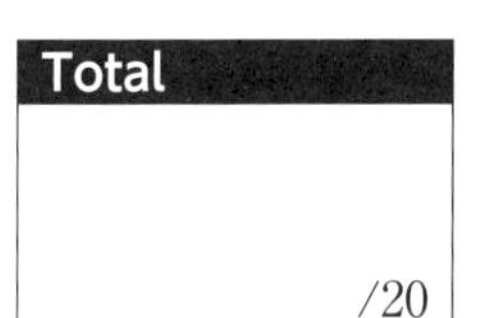

Class

No.

Name

Information Column

Technology

■4D映画

4Dとはfour-dimensionのことで，現実世界の3D（立体空間）に，空間以外の新たな次元軸を加えたもののことを指す。映画での4Dとは，立体的に映写される3D映画に，場面に連動して駆動する座席や，雨や霧を表す水滴，爆風などを表す光，風などを加えたものであるとされる。

■リニア新幹線

通常の鉄道は，車輪とレールの摩擦を使って走行するが，速度が一定以上になると車輪の空転のおそれがあり，最高速度には限界がある。リニア新幹線では磁石の力を使って浮かせて走る方法が導入される予定である。軌道の側面には「ガイドウェイ」が設けられ，車体の浮上用と進行用の2種類のコイルが設置される。品川―名古屋間に開業予定で，その後大阪までの延伸が予定されている。

■ロボット

ロボットは，製造業・農業・ホームオートメーション（家事負担の軽減）・医療・宇宙開発・災害救援・エンターテインメントなど，幅広い分野で活躍してきたが，現在では人工知能（AI）をもったロボットの登場が世界中で注目されてきている。AIはディープラーニングという手法により，かつてのものより飛躍的に速度・精度の両面で性能が向上してきている。

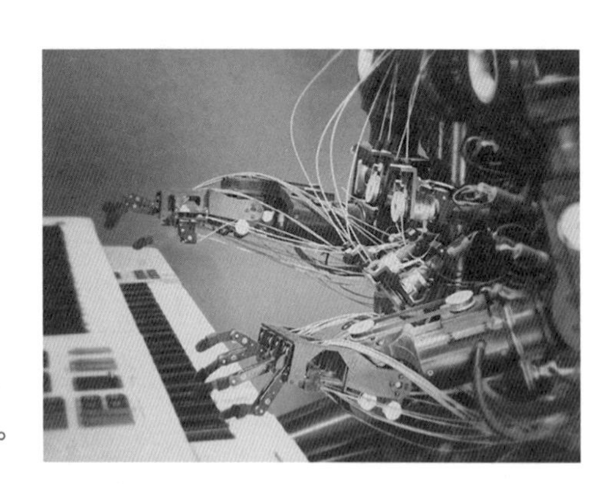

Words and Phrases

stimulating [stímjəlèitiŋ]：刺激的な
linear bullet train：リニア新幹線
scenery [síːn(ə)ri]：景色

Lesson 7

Quick Responses

GTEC®

質問の英文に続いて，３つの英文が読まれます。質問に対する答えとして最も適切なものを１つ選びなさい。英文は１回読まれます。

1. 

①　②　③

2. 31

①　②　③

3. 32

①　②　③

4. 33

①　②　③

Answer Sheet

Active Listening ④
Lesson 7

1. ①　②　③ （５点）

2. ①　②　③ （５点）

3. ①　②　③ （５点）

4. ①　②　③ （５点）

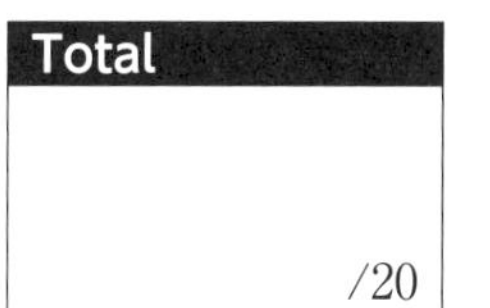

Class

No.

Name

Target 7

やり取りを続け，発展させるコツ

■対話やディスカッションなどの場面では，聞き手とのコミュニケーションを円滑にするための特有の表現が使われる。リスニングでは話者の態度や話者の関係性を示し，その後にどんな話題が続きそうかのヒントになる。

相づちを打つ	I see.（なるほど。） (You're) right.（そうですね。） (That) sounds great.（すばらしい。）
質問をして話題を広げる	What do you think about ...?（…をどう思いますか。） How do you like ...?（…はいかがですか。） How about you?（あなたはどうですか。） What's your opinion?（あなたの意見は？）
考えや意見に理由をそえる	... because ～.（…。なぜなら～だからです。） Let me tell you why. ...（なぜか説明します。…） I have three reasons. First, ... Second, ... Third, ... （理由は 3 つあります。第一に，…。第二に，…。第三に，…。）

Check

英語の授業で，責任者として資金を使える立場であればどのように学校の図書館を改装するか，Shuji, Hiroko, Ran が話しています。会話を聞き，質問の答えとして最も適切なものを 1 つ選びなさい。英文は 1 回読まれます。

1. **Which improvement do all the speakers like?**
   ① More materials in the library.
   ② Painting the library's walls.
   ③ Reducing the number of books.

2. **Which of the following do Shuji and Hiroko have different opinions about?**
   ① Installing concrete floors.
   ② Making noise outside the library.
   ③ The appearance of the library.

Words and Phrases
depend on ...：…しだいである，…による
whether you like it or not：好むと好まざるとにかかわらず

Lesson 8

Daily Life

共通テスト

対話の場面が日本語で書かれています。対話を聞き，質問の答えとして最も適切なものを１つ選びなさい。英文は１回読まれます。

1．夫婦が今晩の夕食について話をしています。 35

What is the man likely to have for dinner tonight?

① Frozen beef.

② Roast beef.

③ Roast beef and soup.

④ Soup and salad.

2．風呂場のシャワーについて電話で話しています。 36

When is the man expected to come?

① After a few days.

② As soon as the phone call has finished.

③ Early this afternoon.

④ Early this morning.

3．家で作るおやつについて話しています。 37

What is the tip for making good pancakes?

① To beat only the egg whites first.

② To beat the cream well.

③ To beat the whole egg at once.

④ To mix the whip cream with flour.

4．女性が男性に健康についてのアドバイスをしています。 38

What is the woman's advice?

① He should exercise under the sun.

② He should get sunlight for a certain amount of time.

③ He should get sunlight only on his palms.

④ He should go to bed early at night.

Answer Sheet

Active Listening ④
Lesson 8

1．① ② ③ ④ （5点）

2．① ② ③ ④ （5点）

3．① ② ③ ④ （5点）

4．① ② ③ ④ （5点）

Total

/20

Class

No.

Name

Target 8

どんな英語を聞くのか

■ニュース，対話，物語など，聞き取る英語にはいろいろなものがあり，それぞれリスニングのポイントが変わってくる。

ニュース	「全体の要点→詳しい状況」の順序で構成される。最初の部分に注意し，その全体像をまずしっかり把握して，細かい情報を聞き取っていく。
論説文・説明文	論理の展開を意識しながら聞く。「序論→本論→結論」という展開が多いので，それぞれのキーとなる文を聞き逃さないようにする。
対話文	話されている話題そのもののほかに，対話の場面や状況，話している人たちの関係，声の調子や気持ちなど，さまざまなことに注意を払う。
物語・ドラマ	ストーリーとともに，登場人物の行動や感情にも注意する。話の展開を積極的に予測する態度で聞くとストーリーがつかみやすくなる。

Check

英文に関する質問の答えとして最も適切なものを１つ選びなさい。
英語は１回読まれます。

1. **What was the cause of the panic?**
   ① A fire.
   ② A rough landing.
   ③ Too many passengers.

2. **What is the man's occupation?**
   ① A free journalist.
   ② A reporter for a newspaper.
   ③ A newspaper salesman.

Words and Phrases
loaf [lóuf]：かたまり
fluffy [flʌ́fi]：ふわふわした
flour [fláuər]：小麦粉
for the sake of ...：…のために

Lesson 9

Message

英検®

英文と質問を聞き，その答えとして最も適切なものを１つ選びなさい。
英文は１回読まれます。

1. 41

① Call at 9:00 a.m. on weekdays.
② Leave a message.
③ Use the Internet.
④ Visit the company's office.

2. 42

① Attend a meeting at 2:00 p.m.
② Cancel his contract.
③ Enter ABC company.
④ Get a call before or after the meeting.

3. 43

① Press 1.
② Press 2.
③ Press 3.
④ Wait for an operator to talk.

4. 44

① Cook dinner for Andrew.
② Have Andrew cook an Italian dish.
③ Meet Andrew on her way back home.
④ Take the same train as Andrew.

Answer Sheet

Active Listening ④
Lesson 9

1. ① ② ③ ④ （５点）
2. ① ② ③ ④ （５点）
3. ① ② ③ ④ （５点）
4. ① ② ③ ④ （５点）

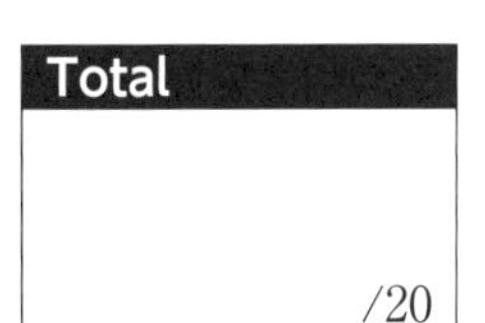

Class

No.

Name

Target 9

流れに沿った理解

■対話，ストーリー，説明文といった文章の種類にかかわらず，英文は聞いた順序で理解していこう。

対話	対話の冒頭部分で，対話している人物の人間関係や置かれている状況などがわかることが多い。話の展開によって次々に増えていく情報を蓄積していく。
ストーリー	状況や登場人物などは，冒頭部分で描写されることが多い。そこから何かの出来事が発生して，事態が展開し，終結を迎える。流れに沿って聞き取っていく。
論説文	「序論→本論→結論」という流れに注意する。序論を聞いたら，そこからどのような本論が展開されていくのかに注意を払って聞く。
説明文	最初に具体例が描写される場合は，その例からどのような説を展開していくのか，順を追って理解していく。
ニュース	最初に概要が述べられ，だんだんと詳しい情報が付け加えられていくのがニュースの手法である。最初に出来事の概要をつかんでおいて，それを前提に新たに詳しい情報を加えて理解していく。

Check

話を聞き，その内容を表した文を，起こった順番に並べなさい。
英文は１回読まれます。

① Mr. and Mrs. Hanson went to several shops to buy many things.

② Mr. Hanson paid for what his wife bought.

③ Mrs. Hanson wanted to do a lot of shopping with her husband.

④ When his wife admired the moon, Mr. Hanson wasn't looking up at the moon.

(　　　)→(　　　)→(　　　)→(　　　)

Words and Phrases

unfortunately [ʌnfɔ́:rtʃ(ə)nətli]：不運にも，あいにく
regarding [rigɑ́:rdiŋ]：…について，…の件で
contract [kɑ́(:)ntrækt]：契約
appreciate [əprí:ʃièit]：…に感謝する
inquiry [ínkwəri]：問い合わせ

Studying Abroad

GTEC®

Answer Sheet

場面が日本語で書かれています。英文が読まれるので，イラストを見ながら聞きなさい。質問に対する答えとして最も適切なものを１つ選びなさい。英文は１回読まれます。

あなた（女子）が大学の寮に到着した日，寮長（男性）から寮の説明を受けています。まず，寮長からあなたに話しかけます。

1．あなたの部屋はどこか。

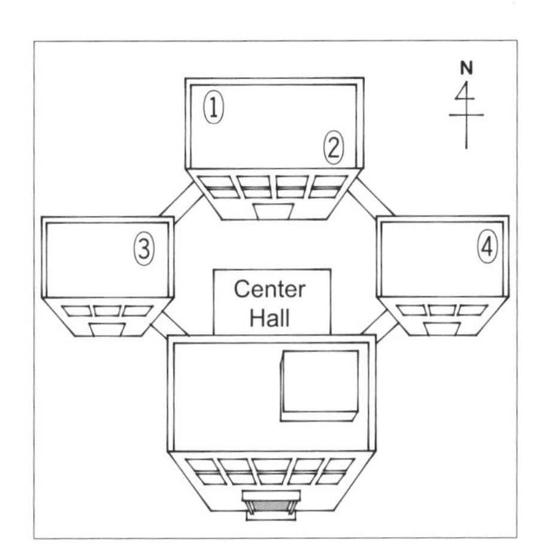

2．あなたはこの寮で何ができないか。

①

②

③

④

あなた（女子）は学内のカフェテリアを初めて利用します。在校生（男子）が案内をします。まず，あなたから在校生に話しかけます。

3．野菜を使った料理はどこにあるか。

4．在校生は何を食べるか。

① ②

③

④

Active Listening ④
Lesson 10

1．① ② ③ ④ （5点）

2．① ② ③ ④ （5点）

3．① ② ③ ④ （5点）

4．① ② ③ ④ （5点）

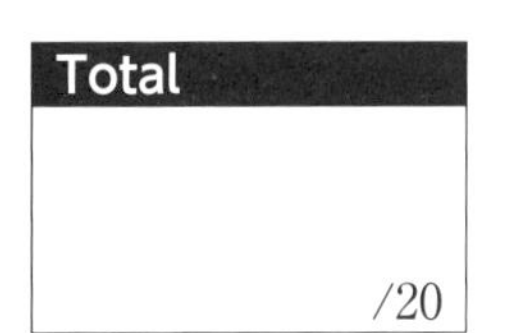

Class

No.

Name

Target 10

論理の展開をつかむ

■まとまった内容の英文は，論理の展開のパターンが決まっている。多くの場合，下記のように序論，本論，結論の 3 つの部分から構成される。

序論 (Introduction)	主題(main idea)が述べられる。ここでは大まかな内容がまとめられ，話し手のそのトピックに対する意見が示されることが多い。
本論 (Body)	序論で述べられた内容について，具体的に論が展開される。
結論 (Conclusion)	前の部分を要約したり，コメントを述べたりして，主題がもう一度繰り返される。

Check

英語を聞いて，その内容にしたがって次の表の空欄を日本語で埋めなさい。英語は 1 回読まれます。

テーマ	イギリスで外食するときの(1.　　　　　)の額
セルフサービスの店など	必要ないが，する場合は 1 人につき(2.　　　　　)ペンス
サービス料のある店	(3.　　　　　)にサービス料が書かれているので不要
サービス料のない店	ふつうは(4.　　　　　)パーセント

Words and Phrases

dormitory [dɔ́ːrmətɔ̀ːri]：寮
consist of ...：…で構成される
annex [ənéks]：別館
bun [bʌ́n]：ハンバーガー用のパン
patty [pǽti]：平たく丸く焼いた肉

Lesson 11

Story

共通テスト

話を聞き，グラフの 4 つの空欄にあてはめるのに最も適切なものを選びなさい。英文は 1 回読まれます。

1. **What was your favorite Lesson in the English Communication Ⅱ textbook?** 

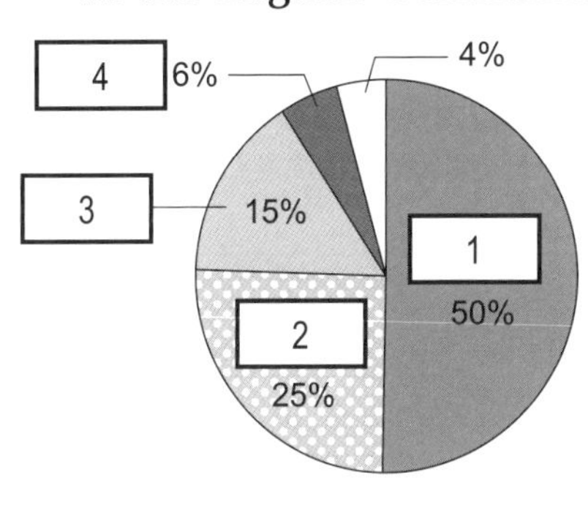

① Lesson 1: *The History of Baseball*

② Lesson 2: *Fighting Gender Discrimination*

③ Lesson 4: *Global Warming*

④ Lesson 5: *Alice's Adventures in Wonderland*

2. **Paper-based Publications (2023)** 

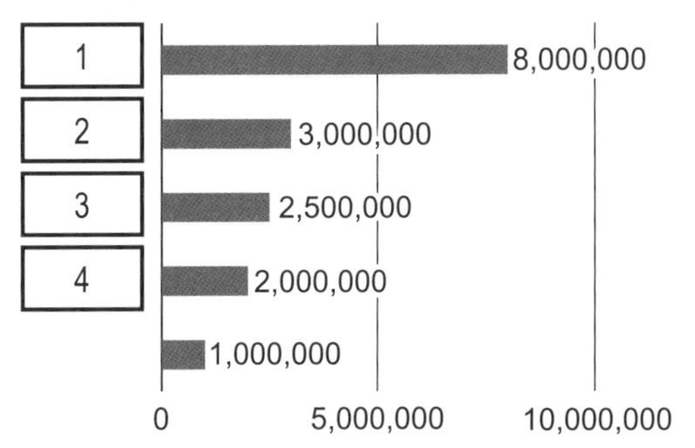

① *Let's Start a Web-party!*

② *Penguin Brothers*

③ *The Perfect Guide to SDGs*

④ *Safe and Fun Indoor Activities*

Answer Sheet

Active Listening ④
Lesson 11

1.
1 ① ② ③ ④
2 ① ② ③ ④
3 ① ② ③ ④
4 ① ② ③ ④
(各 3 点)

2.
1 ① ② ③ ④
2 ① ② ③ ④
3 ① ② ③ ④
4 ① ② ③ ④
(各 3 点)

Total

/24

Class

No.

Name

Target 11

展開の予測

■いろいろな情報を手がかりにして，論やストーリーの展開を積極的に予測しながら聞こう。

冒頭部分に注意	冒頭の部分に，文章全体の話題が何であるかが示されることが多い。とくに第 1 文は聞き逃さないように集中して聞く。
5W1H に注意	5W1H を意識して，登場人物，場面の状況，出来事の原因・結果などを予測しながら聞く。
文のつながりに注意	前後関係を表す語句，文と文のつながりを表す語句，因果関係を表す語句など，展開の手がかりになる語句に注意して予測しながら聞く。
設問もヒントに	問題の質問文や選択肢などから，聞こえてくる内容が予測できる場合もある。さまざまな情報に気を配りながら聞く。

Check

長めの英文を 1 つ聞き，質問の答えとして最も適切なものを 1 つ選びなさい。英文は 1 回読まれます。

1. **What is especially challenging for international students living in the United States?**
   ① Housing.
   ② Safety.
   ③ Studies.

2. **Which is an advantage of living off campus?**
   ① You have more privacy.
   ② You have more security.
   ③ You have more time to study.

Words and Phrases
feature [fíːtʃər]：…を取り上げる
genre [ʒɑ́nrə]：ジャンル
paper-based publication：紙媒体の出版物
e-publication [ìːpʌ̀blikéiʃ(ə)n]：電子出版物

Lesson 12 Photo Description

写真の内容を表す文として，４つの英文が読まれます。その中から，最も適切なものを１つ選びなさい。英文は１回読まれます。

1. 

① ② ③ ④

2. 55

① ② ③ ④

3. 56

① ② ③ ④

4. 57

① ② ③ ④

Answer Sheet

Active Listening ④
Lesson 12

1. ① ② ③ ④ （5点）

2. ① ② ③ ④ （5点）

3. ① ② ③ ④ （5点）

4. ① ② ③ ④ （5点）

Total

/20

Class

No.

Name

未知の語の推測

■知らない単語や聞き取れない表現が出てきても，ほかの部分からのヒントで推測できることも多い。

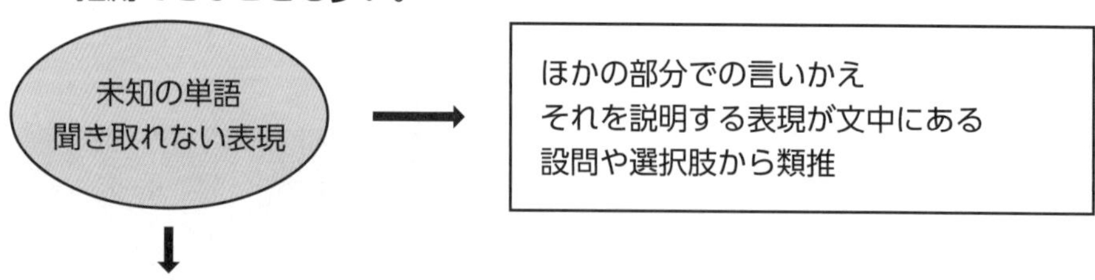

類推できる表現がなくても，内容理解に影響がないかもしれないのであきらめない。

英文を聞き，質問の答えとして最も適切なものを１つ選びなさい。
英文は１回読まれます。

According to the passage, how are disputes usually resolved in Japanese society?

① Disputes will be submitted to a third party, such as a court.

② The stronger side will pay compensation money to the weaker side.

③ The two sides will continue discussing the problem until they agree with each other.

Lesson 13

Announcement

GTEC®

英文に関する質問の答えとして最も適切なものを１つ選びなさい。
英文は１回読まれます。

1. You will hear an announcement in the station. 

When will the train arrive?

① In 30 minutes.
② In an hour.
③ In an hour and 30 minutes.
④ When the rain stops.

2. You will hear an announcement at the airport. 

What should the passengers do?

① Board their plane immediately.
② Go to Gate 9.
③ Go to Gate 11.
④ Wait at Gate 102.

3. You will hear an announcement in a department store.

What should the customers do to see the exhibition?

① Buy a craft.
② Go there at 7:00.
③ Go there by one hour before closing.
④ Go there by 6:00.

4. You will hear an announcement at a clothing store. 

What is the speaker talking about?

① The discount sale that starts in an hour.
② The discount sale with a time limit.
③ The opening hours of the store.
④ The trends of the coats for the season.

Answer Sheet

Active Listening ④
Lesson 13

1. ①　②　③　④ （５点）

2. ①　②　③　④ （５点）

3. ①　②　③　④ （５点）

4. ①　②　③　④ （５点）

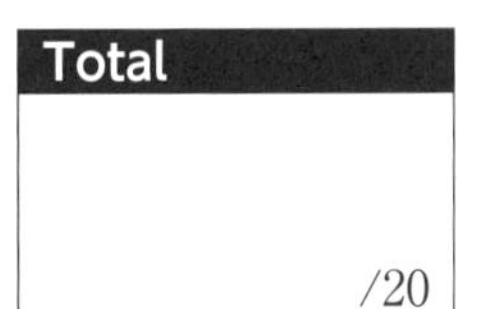
Total

/20

Class ....

No. ....

Name ....

Target 13

つなぎの語句（順序・列挙）

■文章の内容を理解するうえで，文中に現れるつながりを表す語句に注意して聞くと論理の展開がつかみやすくなる。時間的な順序や列挙を表す語句には次のようなものがある。

時間的順序	at first, then, later, at last, in the 17th century, in 2002, today, in the future, next year
列挙	first, firstly, second, secondly, third, thirdly, finally, lastly, one, another

Check

63

長めの英文を１つ聞き，質問の答えとなるように，空所に単語を書きなさい。英文は１回読まれます。

1．**Why does the woman like jogging?**

—Because it's (　　　　　) and she can do it (　　　　　).

2．**What shouldn't you do right after you jog?**

—(　　　　　) anything or (　　　　　) anything very cold.

3．**What does the woman do while jogging?**

—She (　　　　　) to (　　　　　).

Words and Phrases

proceed [prəsíːd]：進む
admission [ədmíʃ(ə)n]：入場
upcoming [ʌ́pkʌ̀miŋ]：これからやってくる

Lesson 14

共通テスト

Sports

話を聞き，下の表の 4 つの空欄にあてはめるのに最も適切なものを，5 つの選択肢①～⑤から選びなさい。選択肢は 2 回以上使ってもかまいません。英文は 2 回読まれます。

1．アスレチックの利用についてスタッフの説明を聞いています。 64

	Number of Activities for Kids (Easy)	Number of Activities for Adults (Hard)	Total Number of Activities
Passport A	6	1	2
Passport B	3	3	4
Zip Lines	1	1	2

① 3　② 4　③ 6　④ 8　⑤ 10

2．ジムの入会についてスタッフの説明を聞いています。 

Menu	Length	Fee
Short	60 minutes	1
Half-Day	4 hours	$80
All-Day	All Day	2
Option: Advice from Coaches	60 minutes	$10
	120 minutes	3
	180 minutes	4

① $20　② $30　③ $40　④ $60　⑤ $120

Answer Sheet

Active Listening ④
Lesson 14

1.
1 ① ② ③ ④ ⑤
2 ① ② ③ ④ ⑤
3 ① ② ③ ④ ⑤
4 ① ② ③ ④ ⑤
(各 3 点)

2.
1 ① ② ③ ④ ⑤
2 ① ② ③ ④ ⑤
3 ① ② ③ ④ ⑤
4 ① ② ③ ④ ⑤
(各 3 点)

Total
/24

Class

No.

Name

Target 14

つなぎの語句(原因・理由・結果・逆接)

■「原因・理由・結果」,「逆接」,「強調・補強」などを表す語句には次のようなものがある。

原因・理由・結果	because, since, as, the reason is, for this reason, so, therefore, thus, as a result, consequently, after all, in the end
逆接	but, however, nevertheless, instead
強調・補強	in fact, in reality, indeed, above all
結論を述べる	in conclusion

Check

長めの英文を1つ聞き，質問の答えとして最も適切なものを1つ選びなさい。英文は1回読まれます。

1. **Which of the following play activities is NOT mentioned in the story?**
   ① Camping out.
   ② Catching snakes.
   ③ Climbing up trees.

2. **What did she study at university?**
   ① Environmental science.
   ② How to be a forest ranger.
   ③ Outdoor adventure.

Words and Phrases
moderate [mɑ́(ː)d(ə)rət]：適度の，普通の
double [dʌ́b(ə)l]：2倍になる
triple [tríp(ə)l]：3倍になる

Lesson 15

At Work

共通テスト

話を聞き，示された条件に最も合うものを，選択肢①～④から選びなさい。
下の表を参考にしてメモを取っても構いません。
英文は２回読まれます。

状況

あなたは会社の新製品発表会の会場を探すように上司から頼まれました。いくつかの会場に問い合わせたところ，複数の返答があったため，以下のような条件に沿って選ぶことにしました。

条件

A．６月の第３週，平日３日間連続で使用できること

B．部屋は100名収容できること

C．部屋に２つのスクリーンが付いていること

	A. Availability of the dates	B. Accommodate 100 people	C. With two screens
① Red Conference Center			
② Blue Event Center			
③ Green Meeting Center			
④ White Free Space			

"[ ]" is the facility you are most likely to choose.

① Red Conference Center  67

② Blue Event Center  68

③ Green Meeting Center  69

④ White Free Space 70 ※Repeat  71

Answer Sheet

Active Listening ④
Lesson 15

① ② ③ ④
(20点)

Total

/20

Class

No.

Name

Target 15

アジア英語の特徴

■インド英語では次のような特徴的な文が見られる。文法的な正確さ以上に意味の伝達を重視しているためである。

疑問文は文末に yes / no を付け足すことで代用する。	You are from Japan, yes?
付加疑問は文の主語に一致させるのではなく，最後に isn't it? を付け足すことですませる。	They are coming tomorrow, isn't it?
通常は不可とされているが，状態動詞の have や know を進行形で用いる。	He is having three books on Indian English.

■マレーシア英語では可算名詞と不可算名詞の区別をあまりしない。そのため Give me a piece of chalk. とするところが Give me a chalk. となったり，Let me give you a piece of advice. とするところが Let me give you an advice. となったりする。

■日本語ではひらがなやカタカナという表音文字があるため，どうしても英語音声をカタカナに当てはめてしまう傾向がある。たとえば 1 音節の street [stríːt] という語は「ストリート」と平板なリズムで発音されがちである。

Check

英文を聞いてアメリカ英語であれば①，アジア英語であれば②を選びなさい。英文は 1 回読まれます。

1. ①　②
2. ①　②
3. ①　②
4. ①　②

Words and Phrases
loudspeaker [làudspíːkər]：スピーカー
consecutive [kənsékjətiv]：連続した
divider [diváidər]：仕切り
accommodate [əkɑ́(ː)mədèit]：…を収容できる

Lesson 16 Graphs

英文と質問を聞き，その答えとして最も適切なものを１つ選びなさい。
英文は１回読まれます。

1. 73

①

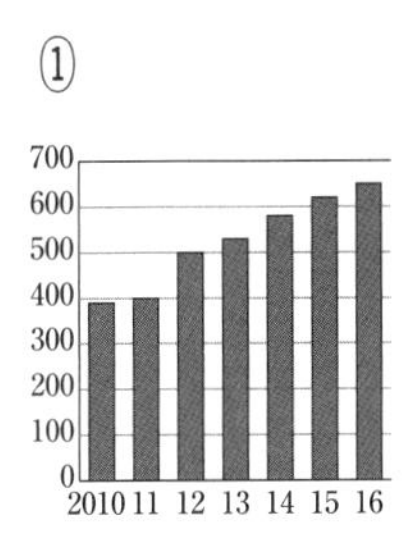

②

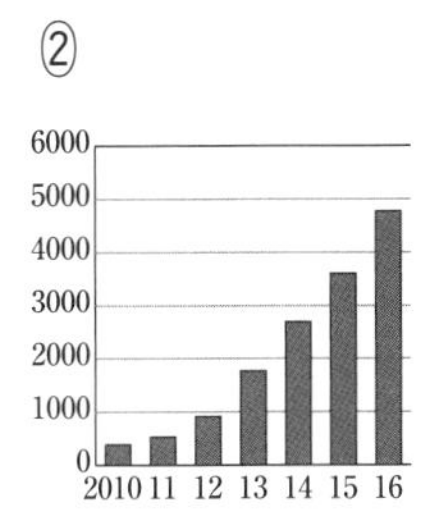

③

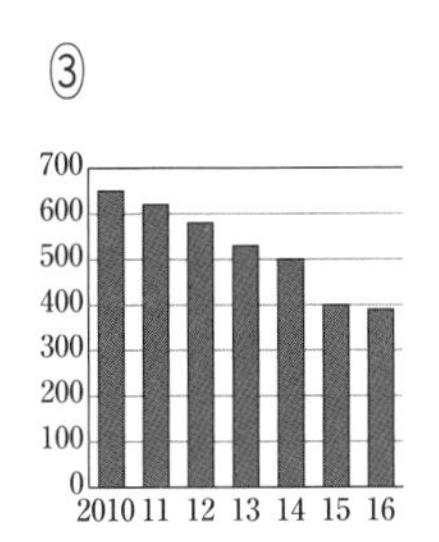

④

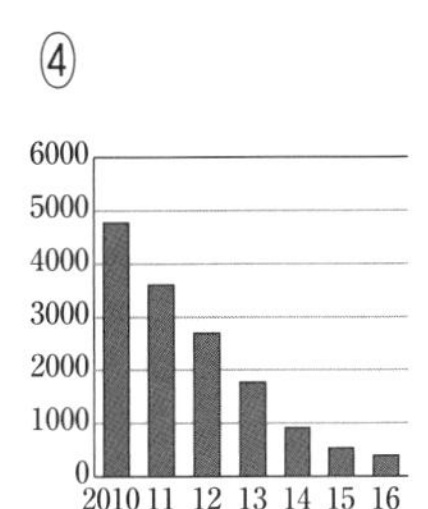

2. 74

①

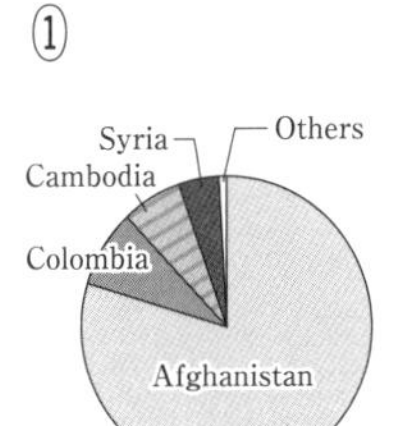

②

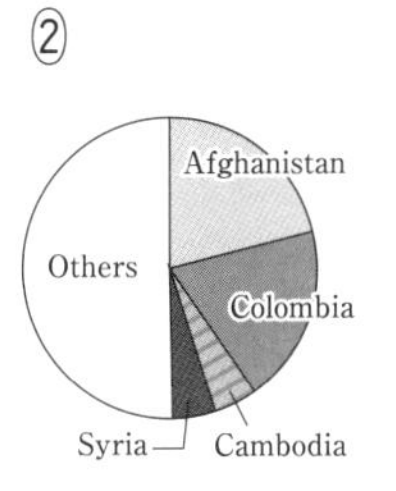

③

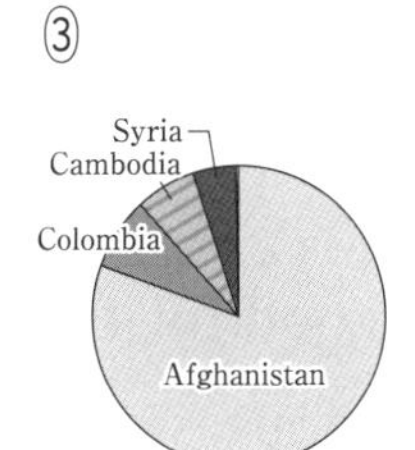

④

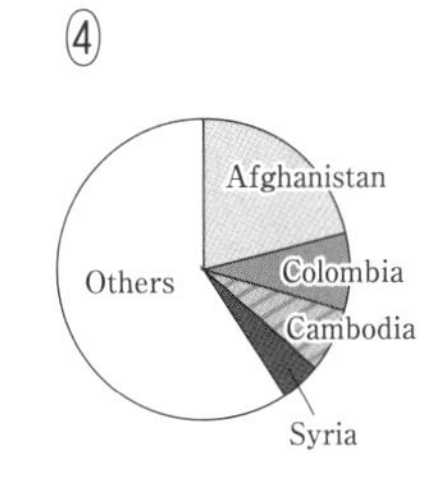

3. 75

About news and trends
About acquaintances
About hobbies

①

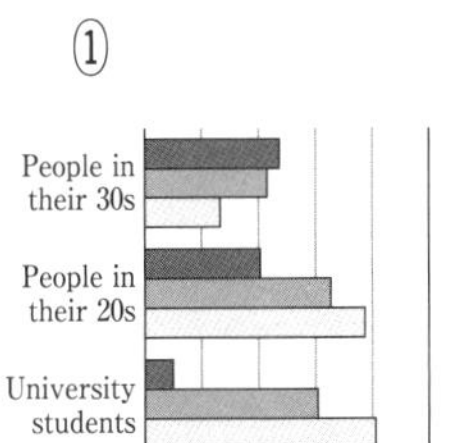

②

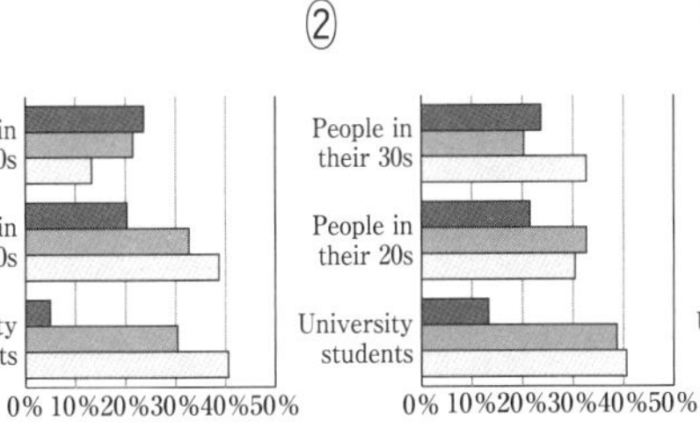

③

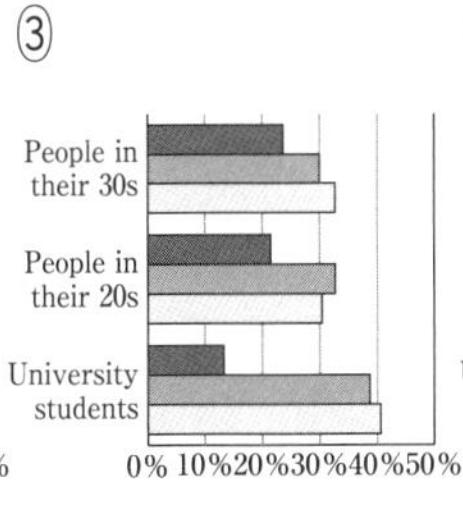

④

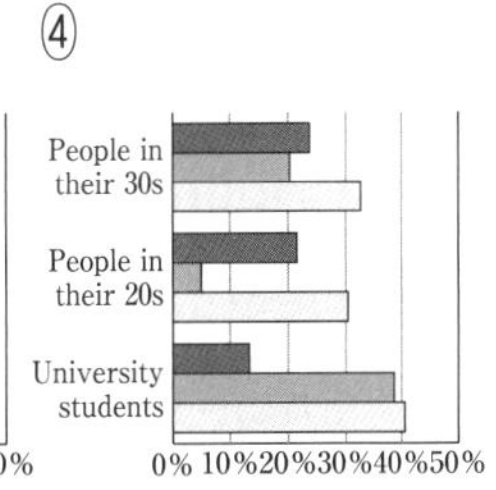

4. 76

①

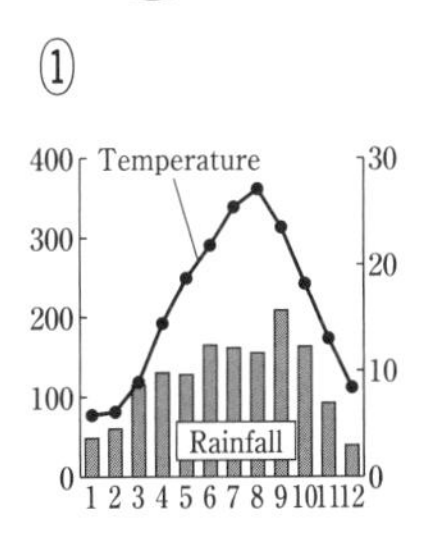

②

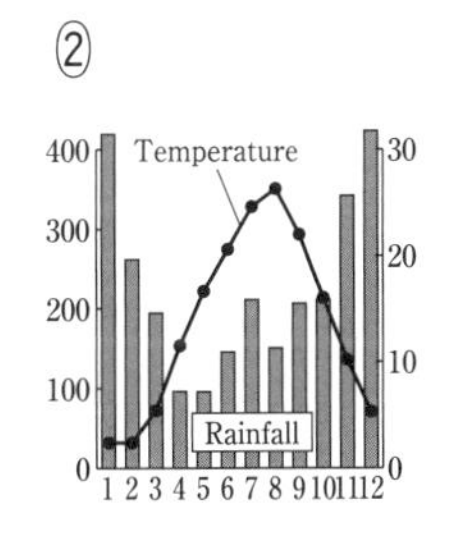

③

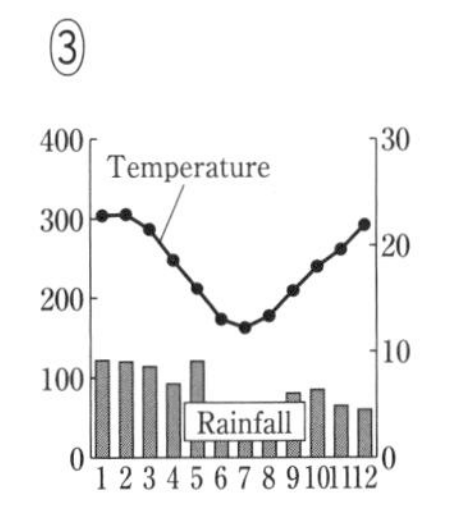

④

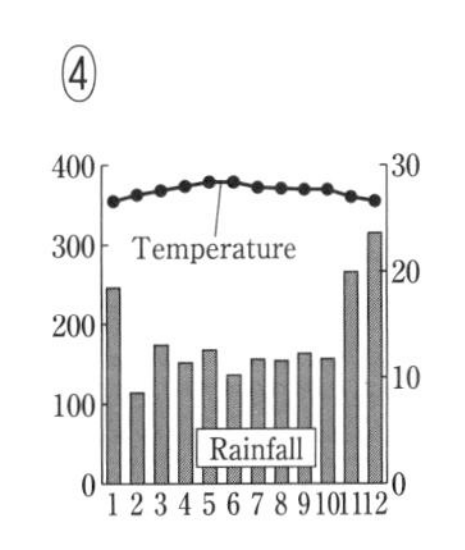

Answer Sheet

Active Listening ④
Lesson 16

1. ① ② ③ ④ （５点）

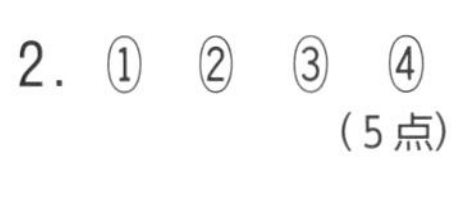

2. ① ② ③ ④ （５点）

3. ① ② ③ ④ （５点）

4. ① ② ③ ④ （５点）

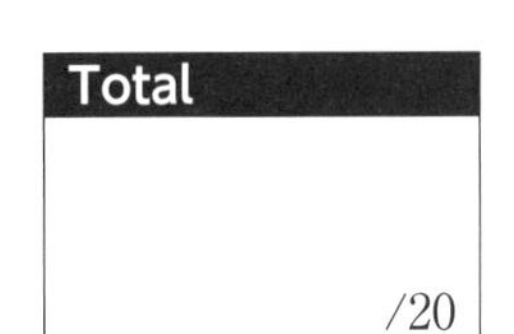

Total

/20

Class ……………

No. ……………

Name ……………

Target 16

つなぎの語句(例示・話題の転換・追加)

■「例示」，「話題の転換」，「追加」などを表す語句には次のようなものがある。

例示	for example, for instance, such as
話題の転換	now, by the way
比較・対照	similarly, in the same way, in contrast, on the contrary, on the other hand
言いかえ・要約	in other words, that is, that is to say, or rather, in short, to make a long story short, to sum up
追加	and, then, moreover, in addition, besides, also, what is more, furthermore

Check

長めの英文を１つ聞き，質問の答えとして最も適切なものを１つ選びなさい。英文は１回読まれます。

1. **What is NOT good for Hokkaido?**
   ① Thick-walled houses.
   ② Bamboo houses.
   ③ Facing south.

2. **What should an eco-house take advantage of?**
   ① Cooling.
   ② Heating.
   ③ Environment.

Words and Phrases
decade [dékeid]：10年間
account for ...：…を占める
acquaintance [əkwéint(ə)ns]：知人

Lesson 17

SDGs

共通テスト

対話に関する質問の答えとして最も適切なものを１つ選びなさい。
英文は２回読まれます。 78

状況
２人の学生がレジ袋について話しています。

1. **What is Ken's main point?**
   ① It's convenient to bring his own shopping bags.
   ② It's important to keep using plastic bags.
   ③ It's no use to bring his own shopping bags.
   ④ Though it costs some money, he wants to keep using plastic bags.

2. **What is Amy's main point?**
   ① It's good to know about the cost of plastic bags.
   ② It's good to know that Ken is a sensible person.
   ③ It's important to be more aware of the environment.
   ④ It's important to find a useful shopping bag.

Answer Sheet

Active Listening ④
Lesson 17

1. ① ② ③ ④ (10点)

2. ① ② ③ ④ (10点)

Total
/20

Class

No.

Name

Information Column

SDGs

■SDGs(Sustainable Development Goals)とは

2015年９月の国連サミットで採択された「持続可能な開発のための2030アジェンダ」にて記載された2030年までに持続可能でよりよい世界を目指す国際目標。17のゴールと169のターゲットから構成されている。

1．No Poverty（貧困をなくそう）
2．Zero Hunger（飢餓をゼロに）
3．Good Health and Well-Being（すべての人に健康と福祉を）
4．Quality Education（質の高い教育をみんなに）
5．Gender Equality（ジェンダー平等を実現しよう）
6．Clean Water and Sanitation（安全な水とトイレを世界中に）
7．Affordable and Clean Energy（エネルギーをみんなに　そしてクリーンに）
8．Decent Work and Economic Growth（働きがいも経済成長も）
9．Industry, Innovation and Infrastructure（産業と技術革新の基盤をつくろう）
10．Reduced Inequalities（人や国の不平等をなくそう）
11．Sustainable Cities and Communities（住み続けられるまちづくりを）
12．Responsible Consumption and Production（つくる責任　つかう責任）
13．Climate Action（気候変動に具体的な対策を）
14．Life below Water（海の豊かさを守ろう）
15．Life on Land（陸の豊かさも守ろう）
16．Peace, Justice and Strong Institutions（平和と公正をすべての人に）
17．Partnerships for the Goals（パートナーシップで目標を達成しよう）

■海洋プラスチック汚染

11．Sustainable Cities and Communities
12．Responsible Consumption and Production
14．Life below Water

紫外線で劣化したプラスチック容器や，歯みがき粉や洗顔料などに含まれるマイクロビーズが海に流れ込むと，波や紫外線でさらに細かくなる。５ミリメートル以下のプラスチックの粒は「マイクロプラスチック」と呼ばれる。マイクロプラスチックを海洋生物が食べると体内に蓄積され，簡単には消化されないので必要な食物をとることができなくなる。その結果，多くの海洋生物が飢餓や栄養不足で死んでいる。

Words and Phrases

sensible [sénsəb(ə)l]：良識のある
overall [òuv(ə)rɔ́:l]：全体的に
sensitive [sénsətiv]：敏感な

共通テスト

SDGs

英語を聞き，質問の答えとして最も適切なものを選択肢のうちから選びなさい。英文は 2 回読まれます。 79

状況

Professor White が，環境について講演をした後，質疑応答の時間がとられています。司会(moderator)が聴衆からの質問を受け付けています。Akito と Lucy が発言します。

1．使用するプラスチックの量を減らすことに賛成の立場で発言した人は何人でしたか。選択肢①～④から選びなさい。

① 1 人　　② 2 人

③ 3 人　　④ 4 人

2．Professor White の示した企業の有効な取り組みを支持する図を選びなさい。

①

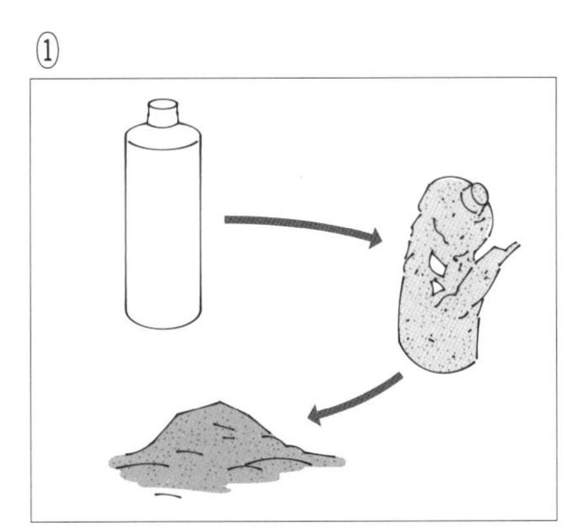

②

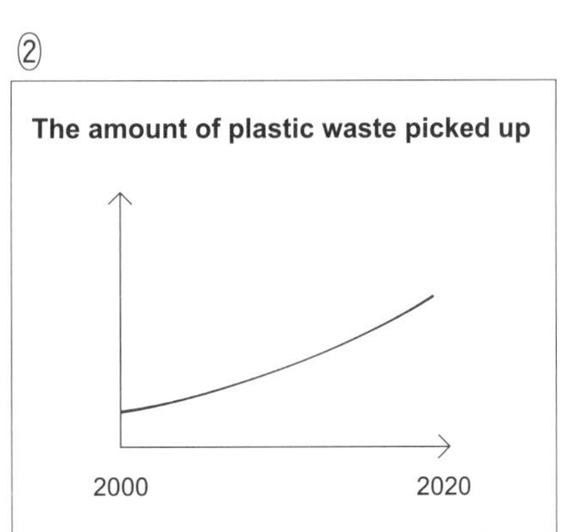

③

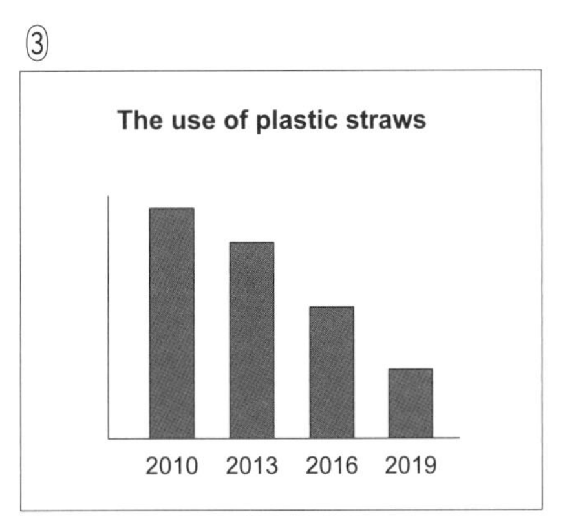

④

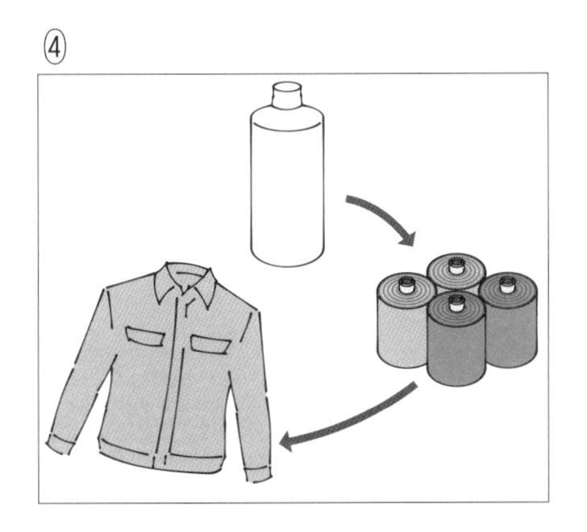

Answer Sheet

Active Listening ④
Lesson 18

1. ① ② ③ ④ (10点)

2. ① ② ③ ④ (10点)

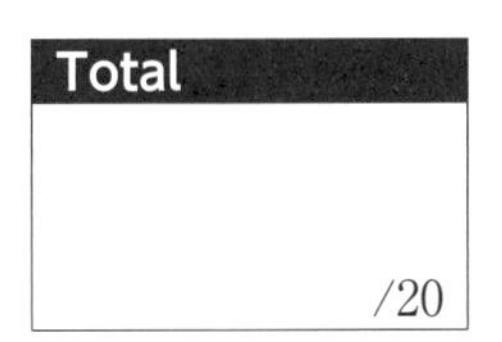

Class

No.

Name

Target 18

状況をつかむ

■対話やストーリーなどの状況を速くつかむことができれば，内容の把握もしやすくなる。さまざまな手がかりによって，状況の把握に努めよう。

場面・職業などに特有の表現	Hello, this is ... など：電話の場面 May I ask your order? など：レストランの場面
場面を表す語句	in the classroom, to his home, go to the party など
声の調子	くだけた調子：家族，友人などの間の会話 緊張した発言：面接，ディスカッションなど
音など	ノックの音：面接，訪問の場面 機内放送：旅行の場面

Check

英文を聞き，質問の答えとして最も適切なものを１つ選びなさい。
英文は１回読まれます。

1. **Where is this conversation taking place?**
   ① In a company manager's office.
   ② In a driving school instructor's room.
   ③ In a professor's office.

2. **Which is true of the coffee?**
   ① After drinking it, it is not easy to fall asleep.
   ② It does not contain caffeine.
   ③ It is only sold in Japan.

Words and Phrases
unless [ənlés]：…でない限り
audience [ɔ́:diəns]：聴衆

ICT

共通テスト

最初に講義を聞き，1(a)～1(c)に答えなさい。次に続きを聞き，2 に答えなさい。英文は 2 回読まれます。英文を聞く前に，状況と質問を読みなさい。

82

状況

あなたはアメリカの大学で，医療現場の IoT 化とその影響についての講義を，ワークシートにメモをとりながら聞いています。

ワークシート

The average period ill or injured people stay in hospitals

1965 ➡ 1998：[1]

By using the RistCall, a person who stays in a hospital can …

he/she can…	about what?
[2]	where he/she is calling for help from
send	[3] he/she will take a shower
receive	when he/she should take his/her medicine
[4]	[5] a nurse is

1(a). ワークシートの空欄 [1] にあてはめるのに適切なものを 1 つ選びなさい。

① down to 6 days
② down to 21 days
③ increased to 6 days
④ increased to 21 days

1(b). ワークシートの空欄 [2] ～ [5] にあてはめるのに適切なものを 1 つずつ選びなさい。選択肢は 2 回以上使ってもかまいません。

① hide
② send
③ receive
④ when
⑤ where
⑥ why

1(c)，2 は次のページにあります。

Answer Sheet

Active Listening ④
Lesson 19

1(a). ① ② ③ ④ （4点）

1(b).
[2] ① ② ③ ④ ⑤ ⑥
[3] ① ② ③ ④ ⑤ ⑥
[4] ① ② ③ ④ ⑤ ⑥
[5] ① ② ③ ④ ⑤ ⑥
（完答 8 点）

1(c). ① ② ③ ④ （4点）

2. ① ② ③ ④ （4点）

Total /20

Class

No.

Name

1(c). **講義の内容と一致するものはどれか。最も適切なものを１つ選びなさい。**

① Both nurses and people staying in the hospital can wear the RistCall.

② Either nurses or people staying in the hospital need to wear the RistCall.

③ The RistCall can neither send nor receive help.

④ The RistCall doesn't display what kind of support a person needs.

2. **講義の続きを聞き，下の図から読み取れる情報と講義全体の内容からどのようなことが言えるか，最も適切なものを１つ選びなさい。** 83

※Repeat 

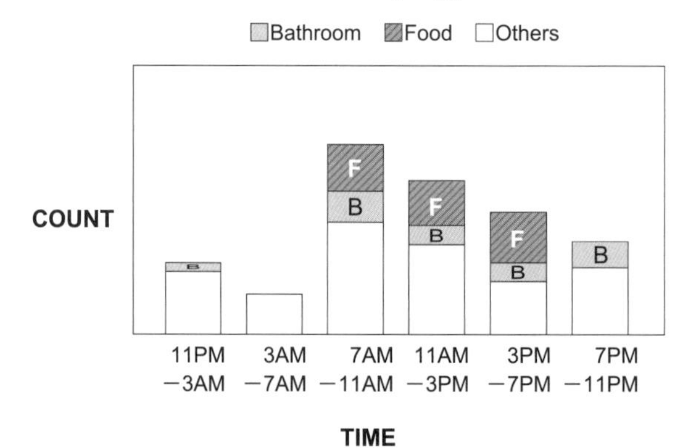

① Hospital staff will most often send for help with the RistCall during the night.

② Hospitals had better have more nurses to care for people after midnight.

③ Hospitals will need more nurses to make food before each mealtime.

④ Nurses will know better how often they received a particular type of help.

1(c)，２の解答用紙は前のページにあります。

Lesson 20

Environment

共通テスト

最初に講義を聞き，1(a)～1(c)に答えなさい。次に続きを聞き， 2 に答えなさい。英文は 2 回読まれます。英文を聞く前に，状況と質問を読みなさい。

85

状況

あなたはアメリカの大学で，オーストラリアで頻発する森林火災の特徴についての講義を，ワークシートにメモをとりながら聞いています。

ワークシート

Forest fires in Australia between 2019 and 2020

Compared with the forest fires in 2002,

Burned Area / Number of Deaths : [1]

Woods during the dry season

	Average Temperature	Trees	are / were
50 years ago	Normal	on the ground	[2]
		[3] the ground	wet
Last 10 years	Higher	[4] the ground	dry
		under the ground	[5]

1(a). ワークシートの空欄 [1] にあてはめるのに適切なものを 1 つ選びなさい。

① larger / larger　② larger / smaller

③ smaller / larger　④ smaller / smaller

1(b). ワークシートの空欄 [2] ～ [5] にあてはめるのに適切なものを 1 つずつ選びなさい。選択肢は 2 回以上使ってもかまいません。

① away from　② on　③ under

④ wet　⑤ dry　⑥ not found

1(c)， 2 は次のページにあります。

Answer Sheet

Active Listening ④
Lesson 20

1(a).
① ② ③ ④
(4 点)

1(b).
[2] ① ② ③ ④ ⑤ ⑥
[3] ① ② ③ ④ ⑤ ⑥
[4] ① ② ③ ④ ⑤ ⑥
[5] ① ② ③ ④ ⑤ ⑥
(完答 8 点)

1(c).
① ② ③ ④
(4 点)

2. ① ② ③ ④
(4 点)

Total

/20

Class

No.

Name

1(c). 講義の内容と一致するものはどれか。最も適切なものを１つ選びなさい。

① About 190,000 square kilometers of the forest in Australia was burned between 2019 and 2020.

② Some researchers think that forest fires caused extreme weather after 2000.

③ The forest fires in Australia between 2019 and 2020 damaged about 190,000 trees.

④ The speaker thinks that extreme heat is the reason for forest fires these days.

2. 講義の続きを聞き，下の図から読み取れる情報と講義全体の内容からどのようなことが言えるか，最も適切なものを１つ選びなさい。 86

※Repeat 87

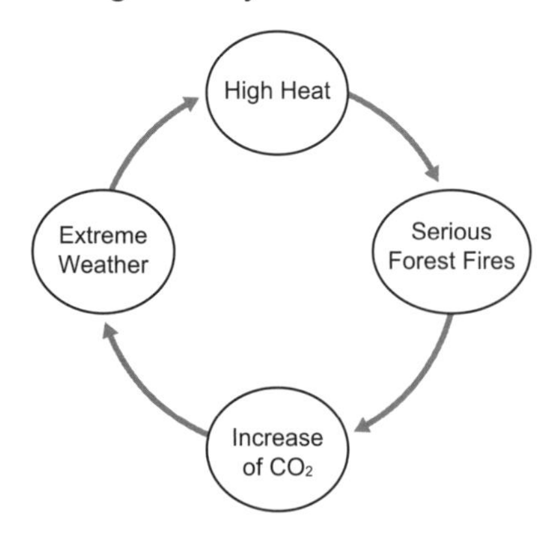

① Because the amount of CO_2 has increased in the forest, creatures there have lost their habitats.

② By increasing the amount of CO_2 on the earth, we can make the number of serious forest fires get smaller.

③ Forests absorb CO_2 and create oxygen, which increases the number of fires.

④ Unless extreme weather improves, the number of serious forest fires might increase around the world.

1(c), 2の解答用紙は前のページにあります。

訂正情報配信サイト　17569-02
利用に際しては，一般に，通信料が発生します。

https://dg-w.jp/f/ef58c

ナレーター
Brad Holmes（オーストラリア）
Dominic Allen（アメリカ）
Emma Howard（イギリス）
Julia Yermakov（アメリカ）
Suzan Mohammad Halim（バングラデシュ）

Active Listening 4

SECOND EDITION　音声配信対応版

2021年1月10日　初版　第1刷発行
2022年1月10日　改訂2版　第1刷発行
2023年1月10日　改訂2版　第2刷発行

監修　神戸市外国語大学名誉教授　甲南大学教授　野村　和宏

英文校閲　甲南大学准教授　Stanley Kirk

発行者　松本　洋介

発行所　株式会社　第一学習社

広島：〒733-8521　広島市西区横川新町7番14号　☎082-234-6800
東京：〒113-0021　東京都文京区本駒込5丁目16番7号　☎03-5803-2131
大阪：〒564-0052　吹田市広芝町8番24号　☎06-6380-1391

札　幌☎011-811-1848　仙　台☎022-271-5313　新　潟☎025-290-6077
つくば☎029-853-1080　東　京☎03-5803-2131　横　浜☎045-953-6191
名古屋☎052-769-1339　神　戸☎078-937-0255　広　島☎082-222-8565
福　岡☎092-771-1651

書籍コード　17569-02

＊落丁，乱丁本はおとりかえいたします。
解答は個人のお求めには応じられません。

ISBN978-4-8040-2297-0

ホームページ　http://www.daiichi-g.co.jp/